Erfolgreich mit dem agilen Spotify Framework

Squads, Tribes und Chapters - der nächste Schritt nach Scrum und Kanban?

Alvar Lundberg

2

Erfolgreich mit dem agilen Spotify Framework

Squads, Tribes und Chapters - der nächste Schritt nach Scrum und Kanban?

Alvar Lundberg

Impressum

Disclaimer:

Spotify® ist ein eingetragenes Warenzeichen der Spotify Technology S.A. – Das Buch ist ohne deren Mitwirkung durch einen unabhängigen Fachmann erstellt worden.

Bibliografische Information der Deutschen Nationalbibliothek: Die Deutsche Nationalbibliothek verzeichnet diese Publikation in der Deutschen Nationalbibliografie; detaillierte bibliografische Daten sind im Internet über http://dnb.dnb.de abrufbar.

© 2020 Alvar Lundberg

Herstellung und Verlag: BoD – Books on Demand, Norderstedt

ISBN: 978-3-7519-7848-4

Inhalt

VORWORT

Viele Organisationen sehen sich heute in der Situation, dass Sie Scrum eingeführt haben und entweder damit nicht wirklich erfolgreich wurden oder aber so erfolgreich wurden, dass sie nun einen nächsten Schritt machen möchten und sich nach Möglichkeiten fragen, wie die Arbeit mehrerer Teams, welche am selben Produkt arbeiten können, koordiniert werden können.

Eigenartigerweise scheinen beide Arten von Organisationen in jüngerer Zeit ein grosses Interesse an den Erfahrungen von Spotify (oft auch Spotify Modell oder Spotify Framework genannt) zeigen. Die ersteren weil sie oft das Framework "Scrum" als für ihr Versagen verantwortlich sehen, letztere, weil sie glauben, dass das Spotify-Modell womöglich einen für sie passenden Schritt darstellen könnte.

Auch wenn man das bestimmt nicht gerade im Vorwort schreiben sollte: beide haben nicht recht. Erstere, weil die Wahrscheinlichkeit mit einem Spotify-Ansatz erfolgreich zu werden, wenn man bereits Scrum "nicht geschafft" hat, eher gering ist, weil der eigentliche Erfolgsfaktor von Scrum, der Aufbau auf einem selbstorganisierten, motivierten Team, das Verantwortung übernimmt und dem die dazu notwendigen Kompetenzen übertragen werden im Spotify-Modell erhalten bleibt, wenn nicht sogar verstärkt wird. Letztere werden zwar hoffentlich nicht mit dem Spotify-Ansatz erfolgreich werden, sondern basierend auf den Erfahrungen aus der Firma Spotify mit ihrem eigenen agilen, davon womöglich inspirierten Ansatz, erfolgreich werden.

Trotzdem: beiden Gruppen sei dies Buch ans Herz gelegt. Ersteren, weil es hoffentlich dazu beitragen wird, die Bedeutung des Teams in jedem agilen Ansatz besser zu verstehen, Letzteren, weil das hierin dargestellte Modell hoffentlich einen guten Ausgangspunkt für die eigene Entwicklung als agile Organisation bietet.

Wer Methoden und Frameworks wie Scrum, Kanban oder ähnliche kennt, geht womöglich davon aus, dass diese den Charakter eines Blueprints für eine erfolgreiche agile Organisation haben. Natürlich ist das genauso unsinnig wie die Tatsache, dass das Agile Manifest nach wie vor in der Version von 2001 publiziert ist und sich seither, abgesehen von Übersetzungen, nicht mehr wirklich verändert hat. Das hat mit Agilität nichts zu tun. Trotzdem: die meisten Teams denken, dass das wichtigste an Scrum die Events, Rollen, Artefakte und Regeln seien. Sie zeigen damit, dass Sie das Konzept von Agilität nicht verstanden haben. Das eigentliche Herz von Scrum sind die Werte und die Säulen von Scrum (Transparenz - Überprüfung - Anpassung). Dies soll in keiner Weise darstellen, dass Elemente von Scrum (Events, Rollen, Artefakte und Regeln) einfach als beliebig zu sehen wären und folgenlos ausgetauscht oder weggelassen werden können.

Wenn Sie diese Vorstellung verinnerlichen und nachvollziehen können, dann sind sie am richtigen Punkt um sich mit Spotify auseinander zu setzen. Sie befinden sich dort, wo das Team von Spotify vor einem guten Jahrzehnt war: Sie verstehen, dass die Notwendigkeit der kontinuierlichen Verbesserung und Weiterentwicklung über die Grenze dessen hinausgeht - und hinausgehen muss - was in der Scrum Guide für Scrum, oder den Schriften von David Anderson für Kanban zu lesen geht. Agilität bedeutet sich auf Experimente einzulassen, diese auszuwerten und gute Ergebnisse zu übernehmen und nicht zufriedenstellende durch neue Thesen und Experimente zu optimieren. Logischerweise kann hier nicht für jede Firma, jede Branche, jede Produktherstellung dasselbe Resultat entstehen. Die Scrum-Guide beschreibt Scrum als Framework, also als einen Rahmen der durch Praktiken und Methoden ausgefüllt werden kann. Solange man sich dabei innerhalb des Frameworks Scrum bewegt können wir davon sprechen, Scrum zu machen, wenn wir dieses verlassen, sollten wir das Vorgehensmodell auch anders benennen. Nicht Spotify - es sei denn, das ist ihre Firma, sondern beispielsweise nach ihrer eigenen Firma - denn es geht hier nicht um Nachahmung sondern darum voneinander, aus den unterschiedlichen Erfahrungen zu lernen und darauf basierend eine eigene Vorgehensweise zu entwickeln, welche sich unbedingt auch laufend weiterentwickelt.

Das Vorliegende Buch als Spotify sollte entsprechend nicht als Modell gelesen werden, welches sie Schritt um Schritt umsetzen sollten, sondern als Ansatz und Grundlage für eigene Überlegungen und Experimente. Tatsächlich ist anzumerken, dass das, was in diesem Buch - und den weiteren Quellen über das Spotify-Framework im Internet, zu lesen steht, nicht das darstellt, was Spotify heute tut, sondern Bilder einer Entwicklung geben, welche laufend weiter geht.

Ich wünsche Ihnen viele, spannende Experimente und Erkenntnisse und eine gute Reise auf Ihrem agilen Entwicklungsweg

Alvar

GO AGILE?

Wir leben heute in einer VUCA-Welt[1]. Globalisierung, technologischer Fortschritt, gesellschaftliche Veränderungen. Die Zahl der EInflussfaktoren, welche unser heutiges Leben im privaten wie auch im wirtschaftlichen Umfeld prägen verändern

---

[1] Wikipedia.de (7/2020):

"VUCA ist ein Akronym für die englischen Begriffe

volatility ‚Volatilität' (Unbeständigkeit),

uncertainty ‚Unsicherheit',

complexity ‚Komplexität' und

ambiguity ‚Mehrdeutigkeit'.

Es beschreibt schwierige Rahmenbedingungen der Unternehmensführung. Der Begriff entstand in den 1990er Jahren am United States Army War College (USAWC) und diente zunächst dazu, die multilaterale Welt nach dem Ende des Kalten Krieges zu beschreiben. Später breitete der Begriff sich auch in andere Bereiche strategischer Führung und auf andere Arten von Organisationen aus, vom Bildungsbereich bis in die Wirtschaft.

Eine Strategie zum Überleben in der VUCA-Welt leitet sich ebenfalls von der Abkürzung ab, nämlich: vision ‚Vision', understanding ‚Verstehen', clarity ‚Klarheit', agility ‚Agilität'."

die Welt rasend schnell. Was vor drei Jahren noch der letzte Schrei war, ist heute längst Allgemeingut ohne das Produkte nicht mehr zu verkaufen sind. Zugleich wird für die meisten Firmen die Welt immer größer. Die Zusammenarbeit mit Teams und Partnerfirmen auf anderen Kontinenten ist selbst für viele Kleinbetriebe längst Tagesgeschäft. Dies wirkt sich auf Organisationen wie auch auf Führung aus. Wo dies ausbleibt ist das Überleben von Unternehmen akut gefährdet.

Die Bedeutungen flexibler und agiler Arbeitsweisen werden häufig fälschlicherweise synonym verwendet. Flexibles Arbeiten zielt darauf ab, die Art und Weise, wie wir individuell arbeiten, durch flexibles Arbeiten in Bezug auf Ort und Zeit zu verbessern. Dies erhöht die Vereinbarkeit von Beruf und Familie, indem wir beispielsweise lange Wege vermeiden oder die Kinderbetreuung besser organisieren. Oder es ermöglicht in Teams zu arbeiten, welche in anderen Ländern leben u.v.a. Diese Entwicklung führt zu einer Veränderung von Arbeit in Organisationen, aber auch vom Verhältnis von Menschen zu Arbeit. Die Situation in der Corona-Krise wo plötzlich viele Firmen ihren Mitarbeitern home office angeboten haben, weil in den Büros nicht ausreichend Platz war, um gesetzliche Abstandsvorschriften einzuhalten hat zweifellos zu Veränderungen in der Gesellschaft wie auch in den Firmen geführt. War für eine grosse Zahl von Firmen ein Home-Office-Arbeitsmodell sehr exotisch dürfte dies in Zukunft an Bedeutung gewinnen, auch, weil viele Arbeitnehmer - gerade in gesuchten Berufsgruppen - solche Ansätze künftig fordern werden.

12

Agile Arbeitsweisen umfassen dagegen nicht nur die Flexibilität, zu einem anderen Zeitpunkt und an einem anderen Ort zu arbeiten, sondern auch die Art und Weise, wie Teams zusammenarbeiten und was sie erreichen. Bei Agile geht es um eine Veränderung der Art zu denken, entscheiden und interagieren, nicht nur darum flexibler zu arbeiten. Agile bringt Menschen, Prozesse und Technologien zusammen, um den am besten geeigneten und produktivsten Weg zur Zielerreichung zu finden. Dies bedeutet auch eine Veränderung der in Organisationen gelebter Werte.

Agile Teams sind selbstorganisiert und übernehmen Verantwortung, um schnell Wert zu liefern. Dies macht sie widerstandsfähiger, was ihre Fähigkeit zur Veränderung in einer Welt erhöht, die von schnellen Veränderungen geprägt ist. In der heutigen VUCA-Welt erfordern sich ändernde Kundenbedürfnisse, wirtschaftliche und regulatorische Umstände sowie Technologie ständige Anpassungen. Genau hier sind agile Teams "daheim", sie reagieren auch in Krisenzeiten schnell und zielführend, ohne viel äußere Anleitung. In agilen Organisationen wird jedes Team als Unternehmen für sich betrachtet. Agile Teams geben Teams und Mitarbeitern mehr Freiheit, ihre eigenen Entscheidungen zu treffen und gemeinsam Prioritäten zu setzen. Sie sind viel unternehmerischer und verantwortungsbewusster für ihr Handeln. Leistung und

Ergebnisse prägen ihr Denken und das geschieht nicht aus äußerem Druck, sondern aus intrinsischem Antrieb.

Infolgedessen sind diese Teammitglieder motivierter und engagierter als in traditionellen Teams und verlassen das Unternehmen mit geringerer Wahrscheinlichkeit. Angesichts der Tatsache, dass eine neue Generation von Arbeitnehmern in die Arbeitswelt eintritt, die den Zweck ihrer Arbeit viel mehr schätzen als frühere Generationen, ist es von entscheidender Bedeutung, ihnen eine Stimme bei der Entscheidungsfindung zu geben.

Ein zentraler Faktor bei der Einführung von Agilität ist die Tatsache, dass agile Vorgehensweisen und Werte oft mit den in Organisationen gelebten Werten und Strukturen kollidieren. Hierarchische von Befehl und Gehorsam geleitete Strukturen sind mit Agilität schlichtweg unvereinbar. Dabei ist unerheblich, welche Werte in den Marketingmaterialien von Organisationen stehen. Entscheidend ist, was durch Organisationen und insbesondere durch deren Führung (vor-) gelebt wird.

Es reicht nicht aus, nur neue Technologien zu kaufen oder Prozesse zu ändern. Wir müssen unsere Kultur ändern, Menschen stärken und unsere Beziehungen auf gegenseitigem Vertrauen und Respekt aufbauen. Ein weiterer zentraler Erfolgsfaktor ist eine Kultur welche geprägt vom Wunsch nach stetiger Verbesserung auf allen Stufen ist. Dies bedeutet implizit auch eine für viele Organisationen neue Fehlerkultur dergestalt, dass Experimente ausdrücklich gewünscht sind und Fehler nichts sind, was man verstecken muss, sondern eine Grundlage, um Prozesse und Vorgehensweisen zu hinterfragen und sie zu verbessern.

Führung in agilen Teams unterscheidet sich erheblich von der in traditionellen Teams. Führungskräfte, die diese neuen Arbeitsmethoden in ihren Teams implementieren wollen, müssen daher zunächst eine wirklich agile Denkweise annehmen. Diese Denkweise ermöglicht es ihnen, sich in das Team zu integrieren und die bevorstehenden Veränderungen effektiv zu fördern. Die Rolle und Aufgabenstellung einer Führungskraft verändert sich vom Planer und Manager zum Coach und Visionär. Agilität beruft sich nicht auf hierarchische Positionen und Macht. Das kann für Vorgesetzte eine Herausforderung darstellen und sich zuweilen wie eine Abwertung anfühlen - die Anerkennung und der Einfluss einer agilen Führungsperson kommt aus der Stärkung des Teams und den gemeinsam erreichten Zielen. Die Aufgabenstellung besteht darin, das richtige Umfeld für selbstorganisierte, leistungsorientierte und motivierte Teams zu schaffen. Dabei kommt der Führungskraft besonders im Transformationsprozess eine sehr zentrale Bedeutung zu.

AGILE SEIN - AGILE HANDELN

Oft wird das nicht verstanden: es gibt einen fundamentalen Unterschied zwischen "agil sein" und "agil handeln".

Agil zu handeln bedeutet einfach, dass Sie die Prinzipien, Richtlinien, Techniken und den Rahmen der agilen Methodik befolgen. Es zeigt weiter, dass Sie nicht mit der agilen Denkweise vertraut sind und alles, was Sie tun, ist, in den Wänden der skizzierten agilen Taktik gefangen zu bleiben. Wenn Unternehmen so agil tätig sind, konzentrieren sie sich darauf, was getan werden sollte, um Agilität zu erreichen. Der Suchraum ist begrenzt. Oft beschränkt er sich auf Methoden und Vorlagen. In Scrum spricht man in dem Kontext auch von Scrum Theater spielen. Man tut alles, was in der Scrum Guide geschrieben steht, zum richtigen Zeitpunkt, in der richtigen Rolle, mit der richtigen Dauer - und irgendwie funktioniert es doch nicht so richtig.

Im Gegenteil, agil zu sein bedeutet, eine agile Denkweise zu haben, die mehr über die Qualität, die Leistung und das Team nachdenkt. Diejenigen, die agil sind, konzentrieren sich auf Verhalten, Haltung und Werte. Wenn Unternehmen agil sind, konzentrieren sie sich darauf, was zu tun ist, um agil zu sein. Es geht um das stetige Arbeiten sich und sein Team zu verbessern, Vorgehensweisen zu hinterfragen und das gute als Feind des besseren zu verstehen.

Ziel ist es, agile Prozesse zu erfassen , die über die Prinzipien sowie die Methoden hinausgehen, die das agile Ökosystem antreiben. Wichtige Gesichtspunkte auf Ihrer Reise zur Agilität sind:

- Transparenz: Lösen Sie Probleme auf eine kontextspezifische Weise, die nicht von vordefinierten Regeln oder Richtlinien bestimmt wird.
- Anpassungsfähig sein: Eine agile Organisation kann sich an alle Geschäftsunternehmen anpassen, ohne sich um den Bereich des Problems kümmern zu müssen.
- Schnell starten: Ein agiles Team wartet nicht auf das richtige Ökosystem oder die richtige Umgebung. Sie beginnen, sobald der Bedarf besteht, und verwenden die für das Projekt verfügbaren Mindestinformationen.
- Zusammenarbeit: Agilität betont die Notwendigkeit, sich im gesamten Team effektiv zu engagieren. Menschen, die innerhalb der Infrastruktur arbeiten, arbeiten als Team und nicht auf individueller Ebene
- Faktenorientierte Entscheidungen: Das agile Team oder die agile Denkweise wird durch Entscheidungen bewegt, die auf Fakten und Zahlen basieren. Die agile Infrastruktur unterscheidet sich von den traditionellen, da sie nicht auf vordefinierten Richtlinien für die Entscheidungsfindung beruht.

- Wertorientierte Entwicklung praktizieren: Teams, die in der agilen Organisation arbeiten, teilen Werte in Bezug auf Transparenz, Offenheit, Engagement, Mut und schließlich Verantwortung.
- Kommunikation: Die Interaktion in den agilen Teams ist weitaus informeller und direkter. Auf der anderen Seite beinhaltet eine agile Methodik eine formelle, schriftliche Kommunikation.
- Kontinuierliche Verbesserung: Im Gegensatz zur agilen Methodik glaubt Agilität an regelmäßige Verbesserungen und nicht nur an die Ad-hoc-Form der Verbesserung. Sowohl externe als auch interne Rückmeldungen fördern die Verbesserung der Gesamtfunktion des Systems.

Wenn Sie sich nun dem Spotify-Framework zuwenden und dessen Elemente und von dessen Strukturen lesen, sollten sie sich diese Punkte vor Augen halten. Es kann nicht darum gehen dass Sie das Sporify-Framework in ihrer Organisation kopieren. Verstehen sie es eher wie eine grosse Vorratskammer von Denkansätzen, welche sie bei Bedarf hervornehmen, genau betrachten, mit ihrem Team besprechen und schauen, ob sie aus dem, was sie an Erkenntnissen gewonnen haben, in ihrer aktuellen Situation so, wie Spotify, oder womöglich auch ganz anders, für sich einsetzen können. Und im Verlauf der Zeit werden sie Elemente, welche sie umgesetzt haben bei

Gelegenheit immer wieder einmal hinterfragen und schauen, ob sie so noch passen, oder wo es potential für Optimierungen gibt.

Wenn ich hier unter dem Titel "Spotify Framework" schreibe, so darf das nicht so verstanden werden, dass die nachfolgende Darstellung die Ist-Situation in der Firma mit dem Namen "Spotify" darstellen würde, sondern es handelt sich primär um die Situation, welche im Jahr 2012 von Henrik Kniberg dargestellt und in späteren Publikationen ergänzt und erweitert wurde. Es handelt sich also bestenfalls um eine Darstellung eines möglichen, frühen Schrittes einer Firma, welche zu besagtem Zeitpunkt etwa 600 Mitarbeiter zählte und im wesentlichen als erfolgreiches StartUp-Unternehmen wahrgenommen werden kann, während wir heute von einer arrivierten Firma mit mehr als dem siebenfachen Personalbestand und entsprechend veränderten Strukturen handelt. Die Prozesse, Strukturen und Vorgehensweisen haben sich verändert und müssen dies zweifellos auch. Einerseits, weil die Rahmenbedingungen (Firmengröße, Markt, Technologie etc.) sich verändert hat, andererseits weil es sich eben um ein agiles Framework handelt wofür kontinuierliche Anpassung und Optimierung sozusagen die Existenzgrundlage darstellt.

Der Spotify-Ansatz basiert hauptsächlich auf der Erfahrung, dass der zentrale Erfolgsfaktor für jede Form von Projekt- oder Produktentwicklung stets im Team, seiner Zusammenarbeit und seiner Bereitschaft und Fähigkeit liegt, sich einzubringen und sich das Vorhaben zu eigen zu machen. So erstaunt es nicht, dass das, was wir oft als Spotify Modell oder Framework ansprechen im Wesentlichen eine Organisations- und Zusammenarbeitsform für das Team ist. Dabei ist es von untergeordneter Bedeutung ob ein Team - in Spotify würden wir von einer Squad sprechen - seine Arbeit nach Scrum, Kanban oder einer anderen agilen Vorgehensweise organisiert. Ja, es ist sogar so, dass Squads welche gemeinsam an einem Produkt arbeiten und Teil eines Tribes sind, durchaus - basierend auf ihren Fähigkeiten, Kenntnissen und der Art der Aufgabe mit unterschiedlichen Frameworks oder auch Mischungen davon zusammenarbeiten können.

Squad

Die Squad ist die Basis-Einheit für die Entwicklung von Produkten. Mit 5-9 Mitarbeitern, wobei Grössen bis maximal sieben Personen vorzuziehen sind, weil über dieser Schwelle die Effizienz durch den wachsenden Kommunikationsbedarf im Durchschnitt mehr Aufwand erfordert, als die zusätzlichen Personen die Produktivität erhöhen, entspricht eine Squad in der Größe in etwa der eines Scrum-Teams. Squads haben eine Vision, ein längerfristiges Ziel, auf welches sie sich mit ihrer Arbeit zu bewegen. Dabei sind sie in der Wahl welche Aspekte sie angehen, wie sie Dinge umsetzen und zusammenarbeiten autonom. Dazu ist gute, zielführende Kommunikation ausschlaggebend.

Kommunikationsbedarf und Personenzahl

Anders als in einer streng hierarchisch geführten Struktur, wo die Abstimmung und Kommunikation im Wesentlichen auf eine Person oder Rolle ausgerichtet ist, welche Arbeitsanweisungen gibt und Arbeitsresultate und Statusberichte entgegennimmt, besteht in einem selbstverantwortlichen, selbstorganisierten Team ein erheblich höherer Kommunikationsbedarf zwischen den einzelnen Mitgliedern des Teams. Sie müssen sich regelmäßig abstimmen, um Arbeiten zu koordinieren oder bei Problemen eingreifen zu können.

Wenn wir von einem Team mit 3 Personen ausgehen, so ist die Zahl der Kommunikationswege noch sehr übersichtlich: A kommuniziert mit B, A kommuniziert mit C und B kommuniziert mit C. Es gibt also drei Kommunikationswege. Kommt nun eine einzige Person "D" hinzu, so verdoppelt sich die Anzahl bereits, denn A, B und C kommunizieren jeweils zusätzlich mit "D". Wir haben also sechs Kommunikationswege. Bei einem Team von 8 Personen sind wir dann bereits bei 28 Kommunikationswegen und bei 9 Personen sind es 45. Die Allgemeine Formel lautet:

Anzahl Kommunikationswege = n * (n-1) / 2 [Wobei "n" die Anzahl der Personen darstellt]

22

Neben der Herausforderung an die Kommunikation bei zu großen Squads spielt zweifellos auch die Tatsache eine Rolle, dass die Übersichtliche Teamgröße es erlaubt, wie ein Startup zu agieren. Die Zusammenarbeit kann sehr informell geschehen und das Team kann einfach selbst über die Art der Umsetzung entscheiden und schnell auf neue Erkenntnisse und Ereignisse reagieren. Es soll sich ein Team-Spirit entwickeln. Dies vereinfacht die Kommunikation zusätzlich und unterstützt die gemeinsame Ausrichtung auf ein Ziel. Entsprechend sollte auf Wechsel in der Squad und auch temporäre Zuordnungen weitgehend verzichtet werden, da diese stets eine Störung und Performance-Einbusse mit sich bringt. Bruce Tuckman, ein US-amerikanischer Psychologe, entwickelte 1965 ein Phasenmodell für die Teamentwicklung.

Tuckmans Phasenmodell für die Teamentwicklung

"Das Modell von Tuckman beschreibt vier aufeinander folgende Entwicklungsschritte für Gruppen (Forming, Storming, Norming und Performing). Im Jahr 1977 wurde das Modell um eine fünfte Phase (Adjourning) ergänzt.

Forming – die Einstiegs- und Findungsphase (Kontakt)

Die erste Phase ist durch Unsicherheit und Verwirrung gekennzeichnet. Es geht zunächst darum, dass die Teammitglieder sich miteinander bekannt machen und ihre Zugehörigkeit zur Gruppe absichern. Erste Ziele und Regeln werden definiert und die Gruppe wendet sich langsam der Aufgabe zu, doch die Beziehungen der Teammitglieder untereinander sind noch unklar.

Storming – die Auseinandersetzungs- und Streitphase (Konflikt)

In der zweiten Phase, dem Storming, kommt es häufig zu Unstimmigkeiten über Prioritätensetzungen wenn die Teammitglieder verschiedene Ziele verfolgen. Es kommt zu Machtkämpfen um die Führungsrolle und den Status in der Gruppe, dadurch entstehen Spannungen zwischen den Teammitgliedern. Die Beziehungen sind eher konfliktbeladen im schlimmsten Fall sogar feindselig, doch es erfolgen erste Abstimmungen über die Arbeitsorganisation. In dieser Phase ist die Leistung der Gruppe eher gering.

Norming – die Regelungs- und Übereinkommensphase (Kontrakt)

In der Phase des Norming werden Normen und Regeln diskutiert oder durch stillschweigende Übereinkunft gefunden und eingehalten. Die Teammitglieder haben ihre Rollen gefunden und es wird verstärkt kooperiert. Die Beziehungen sind harmonischer, die gegenseitige Akzeptanz steigt und das Team wendet sich verstärkt seiner Aufgabe zu.

Performing – die Arbeits- und Leistungsphase (Kooperation)

In der Phase Performing pendelt sich die Leistung der Teammitglieder auf einer gleichbleibenden Ebene ein. Das Team handelt geschlossen und orientiert sich an dem gemeinsamen Ziel. Es herrscht eine Atmosphäre von Anerkennung, Akzeptanz und Wertschätzung. Die Teammitglieder arbeiten erfolgreich zusammen. Rollen können durchaus flexibel zwischen Personen wechseln. Das Team geht offen miteinander um, kooperiert und hilft sich gegenseitig. Aus diesem Grund läuft die Aufgabenbearbeitung erfolgreich.

Adjourning – die Auflösungsphase

Die fünfte Phase, Adjourning, wurde durch Tuckman im Jahr 1977 in das Phasenmodell ergänzt. Nicht für alle Teams ist die fünfte Phase relevant."[2]

Die in manchen Teams praktizierte Vorgehensweise, dass bei Sprintende häufig Teammitglieder ausgewechselt werden, weil im nächsten Sprint womöglich andere Fähigkeiten benötigt werden, oder dass zusätzliche Team-Mitglieder (temporär)

---

[2] Quelle: Wikipedia.de - Zugriff 7/2020

25

hinzugefügt werden, entstammt oft der Vorstellung damit Ressourcen optimal einzusetzen und sicherzugehen, dass keine Leerläufe entstehen. Tatsächlich ist dies in mehrerer Hinsicht Kontraproduktiv. Zunächst bedeutet jeder Wechsel in einem Team stets, dass der Prozess der Teambildung von neuem durchlaufen werden muss. Die Forschung spricht im Kontext von Scrum davon, dass jeder Teamwechsel während zwei bis drei Entwicklungszyklen (Sprints) zu erheblichen Produktivitätseinbussen führt. Daneben viel gewichtiger ist aber auch das Element des Commitments und der Identifikation der Teammitglieder mit dem Ziel. Nicht vergebens spricht man im Shopify-Kontext zuweilen auch von "Purpose-Team" statt von Squad. Ein zentrales Erfolgselement agiler Entwicklung ist ein Team, welches sich mit den mit dem Ziel identifiziert, mitdenkt und einbringt. Durch häufige Wechsel im Team wird diese Identifikation in den meisten Fällen reduziert und die Teammitglieder zu Umsetzungsressourcen gemacht.

Wenn im Rahmen von Entwicklungsprojekten für beschränkte Zeiten oder dedizierte Liefergegenstände Ressourcen benötigt werden, welche nicht im Team zu finden sind, so spricht nichts dagegen, diese extern im Sinne einer Beschaffungsmassnahme zu beauftragen. Oft wird die Forderung eines vollfunktionalen oder funktionsübergreifenden Teams aus dem Scrum Kontext so verstanden, dass alle Arbeiten, welche für die Umsetzung zu erledigen wären, von den entsprechenden Personen auszuführen seien. Dies ist nicht ganz richtig: hier muss man zweifellos von den zentralen, wertschöpfenden

26

Aufgabenstellungen ausgehen und nicht von allen möglichen Arbeiten. Wäre das anders zu verstehen müsste man ja im Extremfall auch davon ausgehen, dass die für den Betrieb einer Software benötigten Hardwarekomponenten, Betriebssysteme oder ggf. Entwicklungsbibliotheken vollständig selbst entwickelt werden müssten. Das ist natürlich mit funktionsübergreifend nicht gemeint. Genauso muss es auch zulässig sein, dass ein Team, das beispielsweise eine Schnittstelle zu einem bestimmten System braucht, welches nicht selbst erstellt werden kann, dieses beschaffen kann, wobei es aus Teamsicht nicht massgeblich ist, ob es sich dabei um eine fertige Software-Bibliothek handelt, oder ob ein externer Experte diese Schnittstelle individuell fürs Projekt erstellt.

Um die Zusammenarbeit im Team optimal zu gestalten ist sollte Wert darauf gelegt werden, auch die Räumlichkeiten und zur Verfügung stehende Infrastruktur so zu gestalten, dass sie die Zusammenarbeit im Team optimal unterstützt. Zur Unterstützung von Kommunikation und Kooperation ist die Zusammenhang in gemeinsamen Räumlichkeiten von erheblicher Bedeutung. Wo mit geographisch verteilten Teams gearbeitet wird kommt es immer zu einer Reduktion der Kommunikation und dessen, was man als "Osmotische Kommunikation[3]" bezeichnet, was nur beschränkt durch technische Maßnahmen kompensiert werden kann.

---

[3] Menschen nehmen Informationen und Gesprächsinhalte besser auf, wenn sie im gleichen Raum, gleicher Pausenraum, gleiche Aktivitäten etc.

Neben einer gemeinsam genutzten Arbeitsfläche benötigt das Team Bereiche wo sich Teammitglieder zurückziehen können um konzentriert zu arbeiten oder für Meetings. Ebenfalls sollten informelle Bereiche (z.b. Sitzgruppe) geschaffen werden, wo ein informellerer, oft auch kreativerer Austausch möglich ist.

Hack Time

Erfolgreiche Projekte leben von der Initiative und dem Commitment der Mitglieder des Teams. Wie das in verschiedenen, der international führenden Organisationen der Fall ist, hat auch Spotify dafür einen speziellen Rahmen geschaffen. Die Rede ist von Hack Time, Hack Days oder gar ganzen Hack Weeks. Menschen, die sich mit Produkten und Aufgabenstellungen auseinandersetzen und identifizieren entwickeln ganz natürlich eigene Ideen zu Verbesserungsmassnahmen und Ergänzungen. Viele Organisationen versuchen diese zu kanalisieren indem sie Innovationsprozesse aufsetzen, bei denen entsprechende Ideen

---

anwesend sind. Ähnlich wie bei der Osmose durch Teilchenaustausch im Gleichgewicht diesseits und jenseits einer halbdurchlässigen Membran. Durch osmotische Kommunikation lässt sich die Zahl der für den austausch notwendiger Meetings reduzieren und die Kommunikation insgesamt optimieren.

gesammelt und von internen Gremien bewertet werden. Dass dabei Spontanität und Innovationskraft, aber auch die Spontanität, dass eine Idee eine andere ergibt und sich so befruchtet tendenziell auf der Strecke bleibt, scheint übersehen zu werden. "Wo kämen wir denn da hin, wenn jeder ungefragt innovativ sein dürfte und Arbeitszeit dafür aufwenden könnte entsprechende Ideen auszutesten?" - Vielleicht dort, wo etliche Firmen, wo das Standar ist schon sind, ganz weit oben an der Spitze der innovativen und erfolgreichen Firmen dieses Planeten wie Google oder eben Spotify. Es gibt hier unterschiedliche Modelle und Herangehensweisen.

Im Fall von Spotify werden Mitarbeiter ermuntert etwa 10% ihrer Zeit für Hack Days einzusetzen, also dafür selbst Ideen umzusetzen und zu experimentieren um zu lernen, Ideen zu prüfen und sich dabei auch noch einmal von einer ganz anderen, kreativen Seite mit dem Produkt und seinen Zielen auseinanderzusetzen. Dies muss nicht im stillen Kämmerchen geschehen. Vielmehr können sich hier ganze Hackatons oder Hack Parties ergeben wo die kreative Atmosphäre auch durch den Rahmen unterstützt wird und besonders ganze Squads oder mehrere an einem Thema interessierte Personen gemeinsam Dinge entwickeln und sich auch voneinander inspirieren lassen können. Selbstredend ist nicht alles, was in solchen Hack Days entwickelt wird auch nutzbar. In manchen Fällen gewinnt man nur die Information, wie etwas nicht geht oder man gewinnt neue Erkenntnisse oder Ideen was gehen könnte. Oder wie Edison schon sagte: *„Ich habe nicht versagt. Ich habe nur 10.000*

Wege gefunden, wie es nicht funktioniert." Unabhängig davon stärken solche Events aber auch die Identifikation mit dem Produkt und das Team als Ganzes.

Rollen

Wie wir es von vielen anderen Frameworks und Methoden kennen existieren auch im Spotify Framework unterschiedliche Rollen. Bei dieser Aufteilung von Rollen geht es darum, dass Menschen mit unterschiedlichen Kompetenzen zusammenarbeiten und sich dabei auf ihre Kernkompetenz konzentrieren können. Während sie in ihrem Bereich selbst entscheiden müssen im Gesamtkontext gemeinsam Entscheidungen gefunden werden, welche von allen mitgetragen werden. Dies führt zum einen dazu, dass wichtige Entscheidungen aus unterschiedlichem Blickwinkel gesehen und beurteilt werden, andererseits aber auch dazu, dass die verschiedenen Beteiligten Personen mit ihren Fähigkeiten respektiert werden und sich mit dem Projekt und seinen Entwicklungen identifizieren.

Das Rollenmodell einer Squad orientiert sich an jenem, welches wir aus Scrum kennen. Neben einem Entwicklungsteam haben wir eine Person mit Produkt-Fokus und eine mit Prozess-Fokus, wobei letztere nicht Squad-Mitglied ist, sondern von ausserhalb der Squad unterstützt. Anders als in Scrum ist das Rollenmodell in Spotify nicht zwingend auf diese drei Rollen limitiert.

Product Owner

Der Product Owner ist eine dedizierte Person, welche weder in die technische noch methodische Umsetzung involviert ist. Seine Aufgabe ist es die Anforderungen im Sinne einer wertmaximierung für den Kunden zu priorisieren und eine Entwicklungsroadmap auf hohem Abstraktionsniveau zu entwickeln. Als Vertreter der Stakeholder im Team stellt er sicher, dass deren funktionale und nicht-funktionale Anforderungen vom Team verstanden und im Rahmen des Squad Backlos festgehalten werden. Wenn es notwendig ist, ein Team aufgrund der Größenbeschränkung zu unterteilen, diese aber an demselben Ziel (Purpose) arbeiten, kann es Sinn machen, dass ein Product Owner auch mehrere Teams parallel unterstützt.

Agiler Coach (Scrum Master?)

Anders als in Scrum wo die Rolle eines Scrum Master zu jedem Team gehört, selbst wenn diese nicht zwingend vollzeit besetzt ist, wird eine Squad von einem Agilen Coach unterstützt, der aber nicht fest dem Team zugeordnet ist und diesem auch organisatorisch nicht zugeordnet ist, sondern organisatorisch am Tribe angehängt ist. Seine Aufgabe ist nicht die Ausführung operativer Tätigkeiten, sondern vielmehr die Unterstützung des Teams bei der Verbesserung von Arbeitsweisen und Zusammenarbeit sowie die Unterstützung von Meetings als Moderator.

Weitere Rollen (bei Bedarf)

In Berichten zu Spotify liest man zuweilen von weiteren Rollen wie einem User Experience Experten, welcher für die Erstellung von Prototypen, Mockups, Wireframes etc. verantwortlich ist und jener eines Daten Analysten, welcher als Fachmann für Datenanalyse und - Erhebung beschrieben wird und dazu beitragen soll basierend auf Daten die Kundenbedürfnisse besser zu verstehen. In dem Zusammenhang kann man sicher sagen, dass diese zusätzlichen, optionalen Rollen sehr stark dem Produktkontext entspricht, welches Spotify erstellt. Verallgemeinernd darf man zweifellos daraus schliessen, dass es erlaubt ist, zusätzliche Rollen zu definieren, welche das Team bei der Realisierung eines Kundennutzens mit zusätzlichen Informationen und Maßnahmen der Interaktion mit Stakeholdern unterstützen. Denkbar wären hier m.e. auch Personen mit einem Fokus in Bereichen wie Business Analyse oder Requirements Engineering. Allerdings sollten solche zusätzlichen Rollen das bestehende Rollenmodell und dessen

Effektivität und Einfachheit nicht beschädigen und nicht dazu führen, dass eine Organisation von Spezialisten mit Spezialaufgaben entsteht, welche dem Geist von agiler Zusammenarbeit zuwiderläuft.

Tribe

Ein Tribe wird von einer Gruppe von Squads gebildet, welche gemeinsam ein bestimmtes Ziel realisieren wollen. Tribes werden von einem Tribe Lead geführt, dessen Aufgabe es ist, optimale Rahmenbedingungen für die Squads im Tribe zu ermöglichen. Wo immer möglich sind zu einem Tribe gehörige Squads im selben Raum untergebracht um die Zusammenarbeit zwischen den einzelnen Squads auf das gemeinsame Ziel hin zu unterstützen und den Austausch zu unterstützen.

Ein Tribe sollte nicht mehr als hundert Personen umfassen. Hintergrund dieser Regel ist die Dunbar Zahl[4]. Grundsätzlich geht

---

[4] Wikipedia.de (Zugriff 7/2020): *"Unter der Dunbar-Zahl (englisch Dunbar's number) versteht man die theoretische „kognitive Grenze" der Anzahl an Menschen, mit denen eine Einzelperson soziale Beziehungen unterhalten kann. Das Konzept wurde vom Psychologen Robin Dunbar entwickelt. Die Dunbar-Zahl beschreibt die Anzahl der Personen, von denen jemand die Namen und die wesentlichen Beziehungen untereinander kennen kann.*

es darum auch innerhalb des Tribes ein Wir-Gefühl zu ermöglichen, was voraussetzt, dass die Mitglieder eines Tribes sich gegenseitig kennen und als Teil einer Gemeinschaft mit gemeinsamem Ziel wahrnehmen. Wenn diese Schwelle überschritten wird kommt man schnell in die Situation, dass sich Gruppen für die Zusammenarbeit Regelwerke aufbauen müssen, statt Situationen durch direkte Kommunikation zu bewältigen. Die Squads im Tribe kommen regelmäßig zu informellen Meetings zusammen um sich gegenseitig Entwicklungsresultate zu zeigen, voneinander zu lernen und durch Feedback zu lernen.

Rollen

Tribe Lead

Anders als auf Ebene des Squads gibt es auf Ebene des Tribes keine Aufteilung nach verschiedenen Themenbereichen. Ein Tribe wird von einem Tribe Lead geführt der die Gesamtverantwortung für den Tribe trägt. Er entwickelt und kommuniziert die Vision des Tribe und setzt auf Tribe-Ebene Prioritäten auf strategischer Ebene welche von den Squads dann in Aufgaben und Liefergegenstände überführt werden. Als

---

Dunbar sieht die Anzahl als Eigenschaft bzw. Funktion des Neocortex. Im Allgemeinen betrage die Dunbar-Zahl 150, wobei die Anzahl der Freunde individuell zwischen 100 und 250 schwanken könne. Ob sie auch für sogenannte virtuelle soziale Netzwerke gilt, ist Gegenstand wissenschaftlicher Diskussionen. Erste Studien dazu bestätigen die Gültigkeit auch für diesen Bereich."

Verantwortlicher stellt der Tribe Lead sicher, dass Rahmenbedingungen für die Squads passen. Dazu gehört auch ein passendes Staffing. Darüber hinaus trägt er Verantwortungen, welche in klassischem Projektmanagement oft dem Projektleiter zugeordnet sind wie die Verantwortung für Qualitäts- und Änderungsmanagement, Risikomanagement und Compliance sowie Test- und Deployment-Strategie. Dies soll nicht den Aspekt der Selbstverwaltung der Squads und ihrer Mitglieder beschränken, sondern versteht sich eher als die Koordination und strategische Ebene der entsprechenden Verantwortung. Die Rolle des Tribe-Leads wurde im Verlauf der Zeit bei Spotify überarbeitet[5].

Agiler Coach

Ein Agiler Coach wird zwar einem Tribe und den dazugehörigen Squads zugeordnet, ist aber insofern davon unabhängig, als er nicht dem Tribe Lead untersteht. Sein Fokus liegt auf der Weiterentwicklung des Tribes in Bezug auf seine Prozesse, Kultur und Organisationsform. Daneben unterstützt er den Tribe auch als Moderator von Tribe-Events und nimmt die im Bereich Squad dargestellten Aufgaben wahr. Die Anzahl der Agilen Coaches wird vom Reifegrad des Tribes und seiner Squads bestimmt. Sie

---

[5] Mehr dazu finden Sie im Themenkreis "Trios".

kann im Verlauf der Zeit, bei zunehmender Reife abnehmen.agile Coaches organisieren sich oft im Rahmen eines Center of Expertise.

Abhängigkeiten zwischen Squads eines Tribes

Eine der Anforderungen von Bill Wake an eine Anforderungen ist gemäss INVEST-Pattern[6] - Independency (Unabhängigkeit).

---

[6] Quelle: Wikipiedia (Zugriff 7/2020): *"Die Anforderungen im Product Backlog sollten nicht technisch, sondern fachlich und anwenderorientiert sein. Eine Möglichkeit, um diese Sichtweise zu unterstützen, ist die Formulierung der Produkteigenschaften als User Stories. Die dabei für jede User Story erwünschten Eigenschaften wurden von Bill Wake zum Akronym INVEST zusammengefasst. Es steht für:*

Independent – unabhängig. Sie sollte nach Möglichkeit nicht von anderen User Stories abhängen.

Negotiable – verhandelbar. Sie sollte keine Umsetzungsdetails festlegen.

Valuable – nützlich. Ihre Umsetzung erhöht den Gebrauchswert des Produkts für den Endkunden.

Estimable – schätzbar. Der Aufwand für die Umsetzung muss abschätzbar sein.

Small – klein. Der Aufwand für die Umsetzung sollte überschaubar sein. Erstrebenswert sind einige Arbeitstage, maximal einige Wochen.

Wenn wir davon ausgehen, dass Anforderungen im Normalfall alle dasselbe Produkt betreffen, so ist die erreichbare Unabhängigkeit begrenzt. Tatsächlich soll mit diesen Anforderungen unterstützt werden, dass sich aus Abhängigkeiten zwischen Product Backlog Items möglichst wenig Sachzwänge ergeben, welche dazu führen, dass ein Product Owner bei der Priorisierung andere Aspekte mehr als "Wertmaximierung" gewichten muss. Daneben führen Abhängigkeiten gerade in Kontexten, wenn mehrere Teams am selben Produkt arbeiten auch zu vermehrten Situationen, in denen ein erhöhtes Mass an teamübergreifenden Abstimmungen notwendig wird.

Grundsätzlich sind Abhängigkeiten niemals komplett zu vermeiden und führen auch in den wenigsten Fällen zu schlimmen Folgen. Nichtsdestotrotz ist es ein Anliegen die Squads so autonom wie möglich arbeiten zu lassen und Situationen, in welchen sie sich gegenseitig blockieren oder ihre Entwicklungsgeschwindigkeit verringern, möglichst vermeiden möchten.

Noch gefährlicher werden Abhängigkeiten, wenn sie sich tribeübergreifend auswirken. Es ist stets sinnvoll sich intensiver mit solchen Fällen auseinanderzusetzen und nach Lösungsansätzen zu suchen.

Testable – überprüfbar. Ihre erfolgreiche Umsetzung sollte sich mit objektiven Kriterien überprüfen lassen."

In Scrum werden im Rahmen eines "Scrum of Scrums" solche Fälle üblicherweise im Verlauf des Sprints abgestimmt. In Spotify ist "Scrum of Scrums" kein Standard, dies auch, weil Squads normalerweise sehr unabhängig voneinander arbeiten und keine solchen Koordinations-Meetings benötigen. Wo dies allerdings doch der Fall ist, spricht nichts dagegen entsprechende Koordinations-Meetings bedarfsbasiert durchzuführen.

Chapter und Gilden

Das hohe Mass an Autonomie der Squads und Tribes hat viele Vorteile in Hinblick auf die Übernahme von Verantwortung und das Einbringen der eigenen Erfahrungen im Team, zugleich reduzieren sich dadurch aber auch Skaleneffekte. In jedem Team werden dieselben Erkenntnisse individuell erarbeitet und Probleme, welche in einem Team auftreten werden womöglich auch in anderen auftreffen und jedes Team findet potentiell einen eigenen - mehr oder weniger guten Weg - es zu lösen. Selbstverständlich ist das nicht effizient und fordert die Einführung von Strukturen, welche einen Austausch und eine Koordination zwischen Teams ermöglichen, ohne damit in die Selbstorganisation und Selbstverantwortung der Teams in kontraproduktiver Weise einzugreifen.

Chapters und Gilden bilden die Querverbindung zwischen den verschiedenen Organisationseinheiten der Squads und Tribes und halten so das Unternehmen zusammen, ohne dabei zu viel Autonomie zu opfern. Chapters bilden dabei übersichtliche Gruppen von Fachleuten mit vergleichbaren Skills, welche sich innerhalb eines Tribes zusammenschliessen. So könnte es beispielsweise ein Tester-Chapter oder eines geben, welches sich speziell mit dem Thema Ergonomie auseinandersetzt, genauso sind aber auch Chapters basierend auf eingesetzten Techniken denkbar, z.B. ein Datenbank-Chapter o.ä.

Ein Chapter Lead ist der Vorgesetzte der Chapter-Mitglieder. Er übernimmt traditionelle Aufgaben wie das Planen und Nachhalten der Professionalisierung der Mitarbeiter, Gehaltsfragen oder auch die Qualifikation von Mitarbeiter. Allerdings arbeitet er auch im Tagesgeschäft mit, um sicherzustellen, dass er das Tagesgeschäft auch versteht und die tatsächliche Situation seines Chapters versteht.

Die organisationsweite Version eines Chapters ist eine Gilde. Hier organisieren sich organisationsweit Menschen mit denselben Interessen und Themen. Dabei kann eine Gilde oft mehrere Chapter umfassen, welche im selben Bereich arbeiten, kann aber auch für Einzelpersonen zugänglich sein, welche nicht im Rahmen eines entsprechenden Chapters organisiert sind. Gilden werden von Gilden-Koordinatoren organisiert. Fokus der Gilde ist der Austausch von Wissen und Erfahrungen. Damit leisten Gilden einen wichtigen Beitrag zur Weiterentwicklung einer Organisation. So können sich beispielsweise Agile Coaches in einer Gilde zusammenschliessen, um Austausch von Erfahrungen und Wissen zu pflegen, sich aber auch in schwierigen Situationen gegenseitig zu unterstützen.

Weitere Elemente

Regelmässige Releases

Regelmäßige Releases sind für die Weiterentwicklung eines Produktes von großer Bedeutung. Sie geben nicht nur die Möglichkeit von einem größeren Benutzerkreis praxisorientiert Feedback zu bekommen, sondern auch das Potential frühzeitig Nutzen zu erzeugen. Allerdings kollidiert dies in vielen Firmen mit der Herausforderung, dass Releases - zumal grosse Releases - zu erheblichem Aufwand führen können, was wiederum dazu führt, dass noch seltener released wird. Der einzig sinnvolle Ausgang aus diesem Teufelskreis ist es, Prozesse konsequent darauf auszurichten, dass Releases einfach und oft erfolgen können. Dazu sind in vielen Fällen technische Unterstützung wie Ansätze zur Testautomation oder der Aufbau einer Continuous Delivery Infrastruktur notwendig. Ziel ist immer: Releases sollten zur Routine werden. Daneben sollte auch schon die Architektur dahingehend geplant werden, dass sie häufige Releases unterstützt. Spotify hat aus diesem Grund statt einer monolithischen Architektur ein Container-Modell gewählt, in dem unterschiedliche Container von unterschiedlichen Teams umgesetzt und separat released werden können, ohne, dass es die Arbeiten der anderen Teams beeinträchtigen würde. Es geht also nicht mehr darum, dass eine gemeinsame, von allen Teams entwickelte Produktversion released werden muss, sondern jede fertiggestellte Version eines Containers kann separat released werden. Dies vereinfacht den Release-Prozess erheblich und unterstützt wiederum die Autonomie der Teams. Natürlich ist es sinnvoll darauf basierend auch die Teams und ihre Ziele (Purposes) zu definieren. Spotify hat in ihrem Kontext dazu beispielsweise Client-App-Squads, Feature-Squads und Infrastruktur-Squads aufgesetzt, welche für unterschiedliche Themenbereiche verantwortlich sind. Dabei wird darauf geachtet, die Schnittstellen und Abhängigkeiten von Anforderungen so gering wie irgend möglich zu halten.

Neben solch relativ freien Releases, welche nur die Arbeiten eines Teams betreffen existieren selbstredend auch manche Funktionen und Anforderungen, welche eine Abstimmung zwischen den verschiedenen Teams notwendig machen. Entsprechend fand es Spotify trotzdem sinnvoll mit geplanten Releases zu arbeiten, welche regelmässig alle paar Wochen durchgeführt wurden. Wo Funktionen noch nicht fertiggestellt wurden, können dabei auch unfertige Funktionen ausgeliefert werden, werden aber im Release ausgeblendet. Damit reduzierte man die Gefahr mit unterschiedlichen Releasepfaden parallel arbeiten zu müssen. Allerdings stellte auch Spotify dieses

Vorgehen in den von 2012 vorliegenden Darstellungen als noch nicht final dar, und vermerkt, dass hier weitere Experimente durchgeführt würden um noch optimalere Vorgehensmodelle zu entwickeln und auszuprobieren.

Fehler machen erwünscht

Der Gründer von Spotify, Daniel Ek soll einst erklärt haben: *"we aim to make mistakes faster than anyone else[7]."* Tatsächlich ist die Vorstellung, Fehler zu machen, für viele Firmen eine schreckliche Vorstellung. Tatsächlich bedeutet eine 0-Fehler-Kultur eigentlich nichts anderes, als dass man entweder keine Weiterentwicklung wünscht, oder aber einfach nicht versteht, dass Entwicklung und Lernen - ob nun auf Ebene Person, Team oder Organisation - immer mit dem Machen von Fehlern und dem daraus resultierenden Lernen verbunden ist. Winston Churchill meinte dazu: *"Es ist von großem Vorteil, die Fehler, aus denen man lernen kann, recht frühzeitig zu machen."*

Wenn in Organisationen Menschen sich fürchten Fehler zu machen, weil das für sie zu Nachteilen führt, werden sie tendenziell die gewohnten Pfade nicht verlassen wollen und entsprechend keine Bereitschaft haben, neue Wege zu gehen,

---

[7] Wir wollen Fehler schneller als alle anderen machen.

Innovativ zu sein und damit zur Weiterentwicklung der Firma voranzutreiben. So ist das Zulassen, ja das Willkommenheißen von Fehler, eine Strategie zur längerfristigen Entwicklung der Organisation und ihrer Produkte. So ist in Sporify eine ausgesprochen fehlerfreundliche Kultur entstanden, wo man das Machen von Fehlern durchaus auch mit einem Augenzwinkern wahrnimmt. So finden sich im internen Blog der Firma beispielsweise Einträge wie "Celebrate failure" oder "how we shoot ourselves in the foot"[8].

Natürlich ist das Machen von Fehlern alleine noch nicht der Erfolgsfaktor, sondern das Lernen aus Fehlern. Dafür ist eine Kultur notwendig, welche es erlaubt offen über Fehler zu sprechen, diese einzugestehen und offensiv damit umzugehen, statt sie zu vertuschen zu suchen. So hat Spotify eine Post Mortem-Analyse ins Incident-Management aufgenommen in der nach Beheben jedes Fehler-Tickets analysiert wird, was getan werden kann um sicherzustellen, dass der Fehler so nicht wieder auftritt. Dabei lautet das Mindset, nicht bloss das Produkt zu reparieren sondern den dahinterstehenden Prozess zu optimieren. Darüber hinaus führen alle Squads auch regelmäßig alle paar Wochen Retrospektiven durch, wo gemeinsam analysiert wird, was gut läuft und wo Veränderungen vorgenommen werden sollen.

---

[8] Wie wir uns selbst in den Fuss schiessen.

Um so entspannt mit Fehlern umgehen zu können ist neben einer passenden Fehler- und Unternehmenskultur auch eine Architektur und ein Vorgehensmodell hilfreich, dass die Auswirkungen von Fehlern möglichst auf den lokalen Bereich beschränkt. Wenn ein Fehler nicht gerade zu existenziellen Auswirkungen führt, sondern die Unternehmens- und Produktarchitektur schon dafür sorgt, dass sich die meisten Fehler nur lokal auswirken, kann sowohl das Unternehmen wie auch der Einzelne viel entspannter mit Fehlern umgehen.

Lean Startup

Nicht zuletzt als Folge der Fehlerkultur von Spotify ergibt sich auch deren Ansatz in Zusammenhang mit der Entwicklung und Weiterentwicklungen von Produkten, der sich stark am Lean Startup-Ansatz von Eric Ries orientiert.

Ein zentrales Risiko in jeder Entwicklung ist es stets die Möglichkeit, mit viel Aufwand und Kosten verbunden, ein Produkt zu entwickeln, welches der Markt nicht wünscht oder braucht. Grosse Firmen beschäftigen oft ganze Bereiche um die Wahrscheinlichkeit, dass man an den richtigen Produkten und Features arbeite, zu vergrößern. Basierend auf Marktanalysen, Kundenbefragungen und vielem weiteren soll sichergestellt werden, dass das Entwicklungsbudget richtig eingesetzt wird.

Tatsächlich liegen hier auch die grössten Konzerne zuweilen falsch. EIn Beispiel dafür ist der Zune-Player, welchen Microsoft, eine Firma mit riesigen Möglichkeiten zur Marktanalyse, im Jahr 2006 herausbrachte um die Marktmacht von Apple mit seinen iPods anzugreifen[9].

---

[9] Wikipedia.de (Zugriff 7/2020):

"Zune war ein von Microsoft entwickelter MP3-Player, der in den USA und Kanada verkauft wurde.

Markteinführung und Modelle

Am 14. November 2006 wurde die erste Generation des Zune mit einer 30-GB-Festplatte vorgestellt. Der Verkaufspreis lag anfangs bei 250 US-Dollar, dann je nach Farbe zwischen 200 und 250. Das Gerät wurde von Toshiba gebaut und von Microsoft vertrieben.

Am 13. November 2007 folgte die zweite Generation. Die Verkaufspreise (UVP) für die Zune-Varianten mit Festplatte lagen bei 249,99 US-Dollar (120 GB) und 229,99 US-Dollar (80 GB). Die Geräte mit Flash-Speicher kosteten 179,99 US-Dollar (16 GB), 139,99 US-Dollar (8 GB) und 99,99 US-Dollar (4 GB).Diese Generation ließ Microsoft bei Flextronics fertigen, wo auch die Xbox 360 hergestellt wurde.

Gerüchte einer Markteinführung in Europa im Jahr 2007 bestätigten sich nicht.[4] In den USA erschien die dritte Generation im Herbst 2008 und Zune HD Herbst 2009.

45

Was bei einer Organisation wie Microsoft lediglich das Jahresergebnis leicht beeinflusst kann für eine kleinere Firma den Todesstoss darstellen. Aus diesem Grund hat Ries einen Prozess entwickelt, welcher von Spotify für ihre Gegebenheiten adaptiert wurde.

1. Am Anfang steht eine Idee für eine Funktion oder eine Problemlösung
2. Diese wird verdichtet und auf den Punkt gebracht und es werden entsprechende Hypothesen entwickelt, welche im positiven Fall auch zu einem Prototypen führen können.
3. Der Prototyp wird Menschen gezeigt und es wird Feedback eingeholt, was zu Verbesserungsvorschlägen, Aussagen über Nutzen u.a. Führen kann.
4. Besteht die Zuversicht, dass es sich lohnt mehr Aufwand in die Entwicklung zu stecken, wir ein MVP[10] entwickelt.

Anfang Oktober 2011 gab Microsoft bekannt, keine weiteren Zune-Player zu entwickeln. Als Software wurde der Dienst jedoch zunächst fortgeführt.[5] Am 26. Oktober 2012 wurde auch dieser mit der Einführung von Windows 8 durch Xbox Music auf Xbox 360, Windows Phone und Windows 8 abgelöst."

[10] Wikipedia.de:

"Der Begriff des MVP entstammt dem Lean Startup-Gedanken, und wurde im Jahre 2001 von dem Unternehmer Frank Robinson geprägt und von Steve Blank und Eric Ries popularisiert. Das schnell und einfach erstellte Produkt wird nur mit den nötigsten Kernfunktionen ausgestattet, z. B. (für ein

Dabei handelt es sich um ein Produkt welches noch nicht den vollen Funktionsumfang besitzt, sondern nur soweit entwickelt wurde, dass wir von Kunden zu Feedback kommen können um festzustellen ob es dafür überhaupt Bedarf gibt und wenn ja, was der Kunde sich dazu noch wünschen würde. Damit wollen wir verhindern am Kundenbedürfnis vorbei zu entwickeln.

5. Das Produkt wird basierend auf Kundenfeedback in kleinen Entwicklungszyklen weiterentwickelt. Kundenfeedback ist dabei ein zentraler Treiber.

Weiterentwicklung bewegt sich immer im Spannungsbereich von Vorhersagbarkeit und Innovation. Wenn wir vollständige Vorhersagbarkeit wollen wird dies die Innovationskraft lähmen. Entsprechend wichtig ist es ein Vorgehensmodell zu haben, welches Innovation in den Kontext des Marktes stellt um sicherzustellen, dass Innovation und Kundenbedürfnis in einer Weise korrelieren, welche auch die kommerzielle Sinnhaftigkeit

---

Internet-basiertes Produkt) durch eine Landingpage, um Arbeit, Geld und Zeit zu sparen. Es wird veröffentlicht, um das Feedback von (möglichen) Kunden einzuholen; dabei spielen frühzeitige Anwender eine besondere Rolle, die sich am besten in die Produktabsicht hineinversetzen können. Das Feedback wird dann dazu genutzt, um das MVP Runde um Runde zu erweitern und zu verbessern.

Das Ziel dieser Strategie ist die Vermeidung von Produkten, die die Kunden gar nicht wollen. Die gewonnene Information über Kundenwünsche soll auch dazu beitragen, den Kapitaleinsatz auf das beste Produkt zu lenken."

mit einbezieht. Hack Days oder Hack Weeks sind eine wundervolle Gelegenheit solche Weiterentwicklungen nicht nur allein, sondern in der Gruppe (z.B. Squad oder Tribe) zu gestalten und dabei unterschiedliche Gesichtspunkte und Kompetenzfelder einzubeziehen.

SPOTIFY WEITERENTWICKELN

Wie jede agile Organisation hat sich auch Spotify in den letzten Jahren weiterentwickelt. Seit den ersten Publikationen von 2012 ist nicht nur schon fast ein Jahrzehnt vergangen, die Firma Spotify ist auch gewachsen, das technische und kommerzielle Umfeld hat sich verändert und aus einer zwar bekannten Organisation mit einem Jahresumsatz von etwa 400 Mio[11] ist ein führender Musik-Streaming-Dienst mit einem Jahresumsatz von über 6.7 Milliarden geworden. Natürlich hat eine solche Entwicklung grundlegenden Einfluss auf eine Organisation und die eingesetzten Prozesse. Ein paar Gesichtspunkte der Weiterentwicklung seien nachfolgend dargestellt. Ziel dabei ist (genauso wenig wie bei der Darstellung des "Grundsettings") die Vorstellung, dass eine Firma sinnvollerweise die dargestellte Situation als Konzept für die eigene Implementierung agiler Vorgehensweisen versteht, sondern nur, als Inspiration für eigene Gedanken und die Entwicklung eigener Vorgehensweisen.

---

[11] Quelle: https://de.statista.com/statistik/daten/studie/297081/umfrage/umsatz-und-gewinn-von-spotify/#:~:text=Der%20Umsatz%20des%20Musikstreaming%2DDienstes,Umsatz%20um%20rund%2029%20Prozent. (Zugriff 7/2020)

49

Trios

Die Tatsache, dass ein Tribe von nur einer Person geführt wird (Tribe Lead) erwies sich als Einschränkung und es wurde schon relativ bald ein Ansatz versucht, bei dem ein Tribe von einem Trio (auch TPD Trio genannt) unterstützt wird. Kevin Goldsmith zeigte bereits 2015 in einer Präsentation eine entsprechende Struktur-Anpassung auf[12]. Dabei wird neben dem Tribe Lead, der in dem Kontext auch als Product Lead beschrieben wird ein Tech Lead und ein Design Lead wobei letztere in manchen Zusammenhängen (z.B. geringe Komplexität) auch zusammenfallen können.

Product Lead

Der Product Lead oder Tribe Lead steht für den Produkt-Fokus auf Ebene des Gesamtproduktes. Wo die Product Owner einzelner Squads sich um die von den Squads umgesetzten Produkt-Anforderungen kümmern hat der Product Lead den Überblick auf Ebene des Gesamtproduktes. Er hat damit vergleichbare Verantwortung wie in manchen skalierten

---

[12] https://de.slideshare.net/kevingoldsmith/the-spotify-tribe-my-talk-from-spark-the-change

50

Umgebungen ein Chief Product Owner. In der Umsetzung bedarf es in solchen Konstellationen selbstverständlich immer einer klaren Absprache wer für welche Themen verantwortlich ist. Die Product Owner und Chapter Leads berichten an den Product resp. Tribe Lead und stimmen sich mit diesem ab. Tatsächlich kann man sich in der Umsetzung des Themas "Product Ownership" Gedanken machen, wie so eine Zusammenarbeit gestaltet werden kann. Aus eigener Erfahrung würde ich hier Ansätze in Hinblick auf ein Product Owner Team andenken, das im Wesentlichen in Anlehnung an ein Scrum Team aufgebaut sein könnte.

Tech Lead

Der Teach Lead ist der oberste Technologie-Verantwortliche im Tribe. Seiner Kompetenz untersteht es sicherzustellen, dass technische Entscheidungen aus verschiedenen Squads kompatibel sind und sinnvoll zusammenpassen. Die Chapter Leads der IT Chapter berichten an ihn.

Design Lead

Im Kontext von Spotify wurde neben den Tech Lead eine spezielle Rolle, die des Design Leads gesetzt, der seine

Aufgabenstellung insbesondere in der Harmonisierung der User Interfaces und User Experience hat. In anderen Kontexten (Produkt / Markt) würde viel dafürsprechen, dort relevante Themen ebenso dediziert zu gestalten, wobei die Zahl solcher "Abspaltungen" natürlich sehr klein sein sollte. Ein Trio sollte nach Möglichkeit auch nicht aus mehr als drei Rollen bestehen, wobei die letztgenannten beiden, welche den Doing-Aspekt repräsentieren in Abhängigkeit vom Kontext zu gestalten sind.

Nicht separat aufgezählt wird hier der Agile Coach als Rolle mit dem Prozess-Fokus. Selbstverständlich sollte dieser Gesichtspunkt nicht vernachlässigt werden und im Rahmen des Trios sowohl in deren Interaktion mit den darunterliegenden Organisationseinheiten wie auch in Bezug auf die Zusammenarbeit im Trio einbezogen werden.

Alliances

Als Allianzen werden virtuelle Zusammenschlüsse mehrerer Tribes bezeichnet, welche thematisch oder fachlich grosse Überschneidungen haben und sich so zu einer intensiveren Zusammenarbeit entschlossen haben. Sie werden wiederum von einer Trio-Struktur geführt.

DREI SCHRITTE FÜR DEN AUFBAU IHRER EIGENEN AGILEN ORGANISATION

Wie bereits in früheren Kapiteln dargestellt sollte dies Buch - sowie auch andere Publikationen - über das Spotify-Framework nicht so verstanden werden, dass es sich dabei um ein fertiges Konzept handeln würde, welches von einer Organisation einfach übernommen werden kann. Das wäre ein absolutes Missverständnis, was dem Thema "Spotify Framework" auch nicht gerecht werden würde.

Spotify ist eine Firma, welche sich aus Überzeugung immer weiter mit Agilität auseinandersetzt und diese lebt. Dazu gehören gelebte Werte, ein Mindset, Prozesse, Methoden, Rollen und Regeln und vor allem die Bereitschaft diese immer wieder zu hinterfragen und das Gute zugunsten des Besseren aufzugeben, basierend auf den gemachten Erfahrungen.

Wie kann nun aber ein agiles Framework, ähnlich wie bei Spotify, in einer Organisation, Firma oder einem Team eingeführt werden. Ich nutze dazu in Kundenprojekten oft einen Drei Schritt-Ansatz. Das hört sich sehr einfach an und tatsächlich soll es das auch sein: einfach, nachvollziehbar und vor allem so flexibel, dass es für unterschiedlichste Zusammenhänge passt und leicht darauf adaptiert werden kann.

Schritt Null

Bereits zu Beginn vieler agiler Initiativen, also quasi noch bevor der erste Schritt angegangen wird, machen viele Organisationen den ersten, entscheidenden Fehler, der sich nachträglich kaum mehr beheben lässt. Ein agiles Framework wird eingeführt, ohne, dass die Beteiligten, das künftige Team (Scrum Team, Kanban Team o.ä.) dem wirklich, informiert zugestimmt hat. Menschen, deren Identifikation mit der künftigen Vorgehensweise, den Werten, den Prozessen und Rollen werden entweder überhaupt nicht gefragt oder sollen basierend auf halbwissen über das künftige Vorgehen "Ja" sagen. Das führt in vielen Fällen zu Frustrationen, Verweigerungen oder schlichtweg sich entziehen. Resultat sind oft Teams welche im Rahmen eines agilen Frameworks zu low-performern werden, weil sie zwar die zusätzliche Freiheit nutzen, dabei aber keine Verantwortung übernehmen. Warum sollten sie auch - sie haben sich ja niemals wirklich frei für das Vorgehen entschieden. So ist Schritt Null die Information des Teams und Schaffung der Grundlagen für einen Entscheid sowie die Vermittlung der Gründe für die Einführung einer agilen Vorgehensweise. Kommt der Impuls aus dem Team kann dies viel einfacher sein, als wenn es ein Auftrag von aussen ist. Aber auch dann sollte beachtet werden, dass nicht zwingend jedes Team-Mitglied den gleichen Kenntnisstand hat und Veränderungen immer auch Angst und Befürchtungen auslösen. Entsprechend sinnvoll ist es, bereits hier entsprechende Unterstützungen durch Change Management Prozesse sicherzustellen. Natürlich bietet Schritt Null auch das Risiko, dass ein Team "Nein" sagt - das ist unangenehm, aber im zweifelsfall sinnvoller, als den Prozess zu späterem Zeitpunkt nach grossen Investitionen abzubrechen.

Der erste Schritt

Der erste Schritt in der Umsetzung von Agilität, unabhängig von der künftigen Vorgehensweise sollte stets die Arbeit an einer Vision sein. Was soll mit dieser ganzen Agilität erreicht werden. Manche Organisationen setzen diesen Schritt noch vor "Schritt Null" - tatsächlich ist es sinnvoll bereits da eine Vorstellung zu haben, warum man eigentlich agil werden will. Trotzdem positioniere ich das als ersten Schritt, denn es zeigt sich immer wieder, dass es erheblichen Einfluss auf die Entwicklung hat, wenn die hier angesprochene Version mit dem/den Team/s gemeinsam entwickelt wird.

Die Vision kann anschließend auch in einzelne Schritte heruntergebrochen werden. Wo ein Team beispielsweise mit Scrum beginnen will, empfehle ich auch die Scrum-Einführung als Produkt aufzufassen, und die einzelnen Anforderungen zur Realisierung der Vision in einem eigenen Product Backlog zu halten, zu priorisieren und im Rahmen der Sprints mit umzusetzen. Wo andere Vorgehensweisen eingesetzt werden kann geschaut werden, wie hier zu verfahren ist. Es empfiehlt sich hier aber in jedem Fall mit einem relativ klaren

Vorgehensmodell zu arbeiten und dieses auch weitestgehendst umzusetzen ohne jede Menge an eigenen Ideen einzubringen. Oft gehen solche Projekte schief, weil Anpassungen an Frameworks wie Scrum vorgenommen werden, bevor diese und seine Prozesse wirklich erfahren wurden und die Werte und der Sinn hinter Massnahmen verstanden werden kann. Ein weiteres Risiko ist, dass eine Vision entwickelt wird, welche für die Beteiligten nicht attraktiv genug ist oder von manchen womöglich gar abgelehnt wird.

Es empfiehlt sich, wenn dieser Prozess durch einen eigenen Scrum Master oder Agilen Coach mit entsprechender Praxiserfahrung begleitet wird. Dabei ist Erfahrung mit agilen Vorgehensweisen ein wichtiges Merkmal, genauso wichtig ist aber auch Kenntnis der lokalen Gegebenheiten und der richtigen Ansprechpersonen. Wo keine erfahrene, interne Person zur Verfügung steht kann beispielsweise auch eine Kombination von einer internen, charakterlich geeigneten Person (mit dem Wissen um die Organisation) und einem externen Coach oder Mentor mit entsprechender agiler Erfahrung zielführend sein. Ziel dabei ist der Transfer des Wissens der externen Kraft an den internen Mitarbeiter, um diesen mittelfristig die Funktionen selbstständig ausfüllen zu lassen.

Der zweite Schritt

Der zweite Schritt ist die Schrittweise Umsetzung des Produktes "Agilität". Fangen sie so früh wie möglich damit an, als Team Schritte zu definieren, planen, umzusetzen und überprüfen und aus den gemachten Erfahrungen nächste Schritte hin auf die Realisierung der Vision zu gestalten. Der Prozess kann von einem Scrum Master oder einer vergleichbaren Person je nach umgesetztem Framework unterstützt werden. Wichtig ist dabei aber in jedem Fall, dass der Scrum Master sich wirklich als Coach und Servant Leader versteht, der die Weiterentwicklung nicht vorschreibt sondern mit dem Team gemeinsam entwickelt. Das kann je nach Team und Rahmenbedingungen unterschiedliche Geschwindigkeiten haben und es sind natürlich auch Fehler, Misserfolge oder Rückschritte möglich. Das ist absolut normal und sollte auch offen thematisiert werden. Gemeinsam können dann Maßnahmen beschlossen werden.

Wir befinden uns damit in einem agilen Umsetzungsprozess. Nur, dass in diesem Prozess das Produkt nicht Software oder irgendein anderes virtuelles oder physisches Produkt ist, sondern ein agileres Team. Dabei ist anzumerken, dass es bei diesem Produkt eigentlich kein Endprodukt gibt, zumal ein agiles Team sich immer weiter entwickeln wird. Es kann aber sehr wohl ein gewisses Maß an Agilität als Zwischenziel vereinbart werden. Diese Zielvorgaben können auf gemeinsam festgelegten Kenngrößen, Kenntnissen sowie auf den in der Umsetzung der

Agilität entstehenden Produkte definiert werden und sollten natürlich - agil - regelmäßig überprüft und bei Bedarf angepasst werden.

Im Rahmen des zweiten Schrittes sollte selbstverständlich nicht nur das Team, sondern auch die Organisation Thema sein. Auch hier sind Veränderungen notwendig, wobei sich diese in dieser Umsetzungsphase noch stark darauf konzentrieren den agilen Teams die geeigneten Rahmenbedingungen zu schaffen und ein vertieftes Verständnis und Wissen zum Thema der Agilität in der Organisation zu schaffen. Ich habe immer wieder festgestellt, dass gerade bei Organisationen, welche noch sehr weit von agilen Strukturen entfernt sind, hier viel Zeit und Kommunikation, sowie ein passendes Change Management notwendig ist, damit die Organisation sowie die Führung die entsprechenden Schritte auch versteht und mittragen kann. Eine besondere Herausforderung besteht dabei oft gerade beim mittleren Management, für das sich in dieser Phase oft vieles in Bezug auf Aufgabenstellung und Führungsverhalten verändert, wo aber auch oft große Befürchtungen in Bezug auf ihre künftige Tätigkeit und ihr Selbstverständnis als Vorgesetzte ergeben. Wird dies nicht gut eingebettet angegangen ergeben sich hier oft die größten Hemmnisse für die agilisierung einer Organisation.

Der dritte Schritt

Der dritte Schritt ist der schwierigste. Wenn Sie agile Produktentwicklung betreiben, werden sie mit der Zeit feststellen, dass es eigentlich keinen Grund gibt, Agilität auf den Entwicklungsbereich zu beschränken. Womöglich stellen Sie aber auch schon früher fest, dass sie zwar mit ihrem gewählten Framework zwar Anhaltspunkte haben, wie ein Team agiler zusammenarbeitet, dass aber die teamübergreifende Arbeit an einem Produkt erhebliche Herausforderungen bietet.

Die Skalierung

Wenn das Thema der Skalierung im Vordergrund steht, also der Situation, dass mehrere Teams am selben Produkt arbeiten, dann bieten sich viele verschiedene Frameworks und Herangehensweisen an. Zu den erfolgreichsten agilen Frameworks in dem Bereich gehören:

- Less - Eine weitgehend auf Scrum basierende Weiterentwicklung für die Umsetzung von Produkten in Skalierten Umgebungen
- Nexus und Nexus+: Ein von Ken Schwaber und der Scrum.org entwickelter Ansatz basierend auf Scrum,

wobei sich Nexus auf den Bereich von bis zu 9 Teams fokussiert und Nexus+ für grössere Entwicklungsteams ausgelegt ist

- SAFe - Ein ganzes Projektmanagement-Framework das alle Ebenen von Strategischer Planung bis hin zu Produktenwicklung umfasst und verschiedene Frameworks und Methoden wie Scrum, Kanban, DevOps und weitere integriert.
- DSDM - Eine ganze Projektmanagement-Methodik, welche neben der Projektmanagement-Ebene auch die Program und Portfolio-Ebene einschliessen kann (nicht muss) und mit einem eigenen agilen Vorgehensmodell Produkte entwickelt. Motto ist agile Entwicklung basierend auf einer soliden Grundlage - die einzige mir bekannte, voll skalierbare (von Kleinunternehmen bis Weltkonzern) welche Projektmanagement mit all seinen Anforderungen und agile Entwicklung aus einem Guss realisiert.
- Scrum@Scale - Ein von Jeff Sutherland entwickeltes Framework das für ein ganzes Ökosystem aus Teams vorgesehen und auf die Transformation der Unternehmenskultur insgesamt ausgelegt ist.

Natürlich könnte man hier auch das Spotify-Framework anführen. Allerdings handelt es sich hier nicht um eine dedizierte Methode oder ein festes Framework sondern mehr um ein Beispiel einer erfolgreichen, individuellen Umsetzung.

Wie auch immer Sie vorgehen. Es gilt hier genau dieselben Schritte wie bei der grundsätzlichen Einführung von Agilität zu gehen:

- Menschen ins Boot holen
- Gemeinsam eine attraktive Vision entwickeln
- Diese iterativ und selbstkritisch unterstützt durch Fachleute umsetzen
- Erfolge feiern aber immer auch das Auge für das Verbesserungspotential behalten

Die Organisation und Führung

Ich stelle immer wieder fest, dass Beratungskunden auf Ebene der Führung die Vorstellung haben, dass Agilität etwas sei, was sich bei der Produktentwicklung verorten ließe und von denen gelebt werden sollte. Das ist ein Bisschen so, als würde Airbus finden, es reiche ja wenn die Motoren ihrer Flugzeuge besser geworden seinen. Im Cockpit könne man nach wie vor mit der Einrichtung von Lindberghs "Spirit of Saint Louis" auskommen.

Grundsätzlich sollte jeder Führungsperson verständlich sein, dass ein Veränderungsprozess in Richtung Agilität nur dann vollen Erfolg haben kann, wenn er von der Führung unterstützt und vorgelebt wird. So gehört die Führung von Anfang an - schon in Schritt Null ins Boot. Sonst sollte man sich den ganzen Aufwand besser sparen. Sie werden die Ziele, welche sie und ihre Organisation erreichen könnten, nicht im entferntesten erreichen können.

Grundsätzlich werden Führungspersonen, wenn Sie denn wirklich Teil dieser Entwicklung sind, und verstehen was Agilität bedeutet, sehr schnell feststellen, dass es komplett sinnlos ist, das Potential agiler Vorgehensweisen nur auf die Produktentwicklung zu beschränken. Machen Sie den nächsten Schritt. Denken Sie wie eine Führungsperson. Welches Potential liegt darin, wenn Sie agile Prozesse in Marketing, Vertrieb, Administration, Logistik - oder was sie sonst noch alles an Bereichen und Abteilungen haben einsetzen. Und vielleicht, wenn sie Agilität wirklich verstanden haben, werden sie sogar zur Erkenntnis kommen, dass ihre ganze Organisation agil sein könnte. Dass ein CEO eigentlich nichts anderes als eine Art Product Owner ist, dessen Aufgabe die Wertmaximierung seines Produktes, der Organisation oder Firma, ist und dass sein Führungsteam eigentlich nichts anderes als eine besondere Form eines Entwicklerteams ist, das mit seinen Teams daran arbeitet in übersichtlichen Entwicklungszyklen den Beitrag zum Wert des Produktes zu erhöhen.

Auch hier gilt - sie haben das Vorgehensmodell - es ist immer dasselbe und es basiert wie alle agilen Vorgehensweisen auf gemeinsam gelebten Werten und einem von allen getragenen, attraktiven Ziel, für dessen Erreichung sich alle einsetzen. Auch dabei können Sie sich von Denkweisen von Spotify inspirieren lassen.

- "The 8-Step Process for Leading Change: Dr. John Kotter." *Kotter*, 25 Sept. 2019, www.kotterinc.com/8-steps-process-for-leading-change/.

- Appelo, Jurgen. *"Management 3.0: Leading Agile Developers, Developing Agile Leaders"*. 2011.

- Dunbar, R. I. M. "Coevolution of Neocortical Size, Group Size and Language in Humans." *Behavioral and Brain Sciences*, vol. 16, no. 4, 1993, pp. 681–694., doi:10.1017/s0140525x00032325.

- Goldsmith, Kevin. "The Spotify Tribe." *LinkedIn SlideShare*, 7 July 1970, de.slideshare.net/kevingoldsmith/the-spotify-tribe-my-talk-from-spark-the-change.

- Kniberg, Henrik, et al. "Scaling Agile @ Spotify with

Tribes, Squads, Chapters & Guilds." *Crisp's Blog*, 13 July 2020, blog.crisp.se/2012/11/14/henrikkniberg/scaling-agile-at-spotify.

- Kniberg, Henrik, et al. "Spotify Engineering Culture (Part 1)." *Crisp's Blog*, 30 July 2019, blog.crisp.se/2014/03/27/henrikkniberg/spotify-engineering-culture-part-1.

- Kniberg, Henrik, et al. "Spotify Engineering Culture (Part 2)." *Crisp's Blog*, 30 July 2019, blog.crisp.se/2014/09/24/henrikkniberg/spotify-engineering-culture-part-2.

- Kotter, John P., and Dan S. Cohen. *The Heart of Change: Real-Life Stories of How People Change Their Organizations*. Harvard Business Review Press, 2012.

- Marfurt, Markus. *Taschen-Guide Zur Professional Scrum*

Master-Zertifizierung (PSM 1). Epubli, 2017.

- "Methodology." *The Lean Startup | Methodology*, theleanstartup.com/principles.

- Müller Paul C. *Agile Leadership Im Scrum-Kontext Servant Leadership für Agile Leader Und Solche, Die Es Werden Wollen*. BoD - Books on Demand, 2020.

- Ries, Eric, and Ursula Bischoff. *Lean Startup: Schnell, Risikolos Und Erfolgreich Unternehmen gründen*. Redline-Verl., 2017.

- Sutherland, Jeff. *Das Scrum Praxisbuch*. Campus Verlag, 2020.

- Sutherland, Jeff. *Scrum: the Art of Doing Twice the Work in Half the Time*. Business News Publishing, 2016.

- Tuckman, Bruce W. "Developmental Sequence in Small Groups." *Psychological Bulletin*, vol. 63, no. 6, 1965, pp. 384–399., doi:10.1037/h0022100.

- Wake, Bill, and Bill Wake. "INVEST in Good Stories, and SMART Tasks." *XP123*, 17 Aug. 2003, xp123.com/articles/invest-in-good-stories-and-smart-tasks/.